Peluquería

Peluquería

Dolores García

Primera edición: septiembre 2025

Sagunt, 68 – 08912 Badalona
Tel. 93 168 01 87
info@parnassediciones.com

Maquetación y diseño: Enric Boix
Fotografía de la autora: Susana Martínez
Imagen de la cubierta: Gottscho, Samuel. *Salón Helena Rubinstein en la Quinta Avenida de Nueva York*. Alrededor de 1961. Alamy Stock Photo.
Impresión: Lantia
La fuente empleada en la composición de este libro es Minion Pro, diseñada por Robert Slimbach.

ISBN: 978-84-129823-9-8
Depósito legal: B 14745-2025

Estos mis cabellos, madre,
dos a dos me los lleva el aire [...]

ANÓNIMO
DÁMASO ALONSO Y JOSÉ MANUEL BLECUA,
Antología de la poesía española

[...] el mundo está lleno de belleza si se sabe mirar
sin prisas, al ritmo lúcido y pausado que exige la más alta tarea
que ha producido nunca la cultura: la contemplación.
[...] Si se acierta a mirar con sentimiento y con paciencia,
todo resulta interesante. [...]

LUIS LANDERO,
¿Cómo le corto el pelo, caballero?

Sirva este texto de dedicatoria y de agradecimiento a la vez. Va para todas las personas, las conocidas y las desconocidas.

Gracias a cada una por lo que aporta a los demás con su trabajo, su dedicación y su forma de estar en el mundo. Porque, gracias al trabajo diario de tantas personas, que son anónimas, vamos tirando. En muchas ocasiones no somos conscientes de lo que nos ayudan ni de lo que ayudamos.

Gracias a las personas dedicadas a la estética y al bienestar de los demás: profesionales de la peluquería, la barbería, los masajes, la podología, la estética, la dietética, la costura, la medicina, la literatura, el arte y la ciencia. Gracias a todas las profesiones, en realidad.

Gracias a todas las peluqueras y peluqueros por los que ha pasado mi cabeza, y a todas esas esteticistas, podólogas, dermatólogas, fisioterapeutas, masajistas, entrenadoras por las que ha pasado mi persona. Sé que me dejaré muchos nombres, pero quiero mencionar a Montse, Mónica, Salomé, Katerina (Katosa Kali), Mamen, Marta, Mª Teresa Prats, Silvia, Sonia, la Dra. Encarna Carreño, Antonieta, Leo, Marta F., Almudena, Esther, Pilar, Carmen, Mª Teresa, Vicenta y Antonio, Silvia Mestre, y todas y todos a quienes estoy olvidando, pero que contribuyeron a mejorarme.

A mi difunta hermana Raimunda, que, por su forma de ser y por su oficio (modista), ayudaba a embellecer a los que la rodeaban.

A la familia Navarra Farreres: Josep y Conchi, en recuerdo de su padre, barbero, y ahora sus sobrinas, peluqueras, Mariona y Alba.

A la memoria, claro está, de Antonio Navarra, sus padres y Cloti.

A Óscar Martín y Susana Montero, porque leyeron y me aconsejaron sobre este poemario.

A Amàlia Sanchís, de Editorial In-Verso, a quien le gustó una de las versiones y me recomendó a la editora Núria Aguiló Sol, de Editorial Parnass, que es la persona valiente que ha decidido publicarlo.

A mi familia, por su ayuda.

Así que espero que todo aquel que entre en esta *Peluquería* se reconozca en alguna de las voces que se oyen entre el jolgorio que, en muchas ocasiones, planea por esos salones.

M. Dolores García

El agua tibia
bajando por las sienes.
Fluye el silencio.

Los dedos corren
por la cabeza, suaves.
Placer primario.

Confieso triste,
con angustia, mi vida,
a la que peina.

Aquel sonido,
secadores y voces:
peluquería.

Un gran rugido.
¿Los secadores piensan
iniciar vuelo?

Un mes de mayo...
las flores de mi pelo
chorrean agua.

La de los rulos,
que se proclama víctima,
es la agresora.

Lloran los ojos.
¿Es el champú o la voz
de aquella triste?

La música y
la risa de clientas...
Es Navidad.

«Cambia mi imagen»
Mi vida ya no sé
si he de cambiar.

El butacón
te masajea el cuerpo
mientras te aclaran.

«¿El agua?... bien»
Contestas la pregunta.
Aquí te escuchan.

¡Uf, la que exige
entra! Me escondo atrás.
Las demás tiemblan.

No me he atrevido
a pedir otro corte.
Soy vergonzosa.

Leo de un libro.
En su interior pelillos:
restos de siega.

Riqueza, encanto:
revistas de evasión...
mientras esperas.

Antonieta, la
primera peluquera.
La actual, Leo.

Viene poco, y
en fechas especiales.
Siempre contenta.

El tinte negro
mancha mis camisas y
parezco sucia.

Viene contenta:
¡Alegría, alegría,
me he enamorado!

¡Ay, peluquera!
Tanto me duele hablar
como callar.

No me ve nunca.
Yo me sigo arreglando.
Se ve con otra.

No vendrá a verme.
Aunque aquí me maquillan,
no vendrá a verme.

No va al barbero.
Va a la peluquería.
Ama a una de ellas.

Un homenaje

«¿Cómo le corto
el pelo, caballero?»
Casi un haikú.

¿Os cuentan penas
en la barbería los
hombres que van?

Un corte abstracto:
Edu Manostijeras
sale de un centro.

Cambian mi aspecto,
ahora estoy bien alegre.
Son sanadoras.

Si no te apuntas
a la peluquería,
estás bajada.

La esteticista
descubre tu belleza
y te la muestra.

Cambias de imagen.
Te vas de otra manera.
Desapareces.

Las medicinas
robaron mi cabello.
Ellas lo arreglan.

Me tiño en casa
y, mientras, limpio el cuarto.
No queda otra.

Masajéame,
el cuero cabelludo,
con lentitud.

Sábado: compra,
limpieza general,
peluquería.

Música ambiente:
en mi estómago pugnan
por salir gritos.

Hoy te dan cita.
Antes podías ir
casi al cerrar.

Mis hijos juegan,
con los rulos y horquillas,
mientras me peinan.

Peluquería:
confesionario siempre.
Sin penitencia.

No se pintó
el día de su boda.
Era distinta.

Peino a su esposa
en mi peluquería.
Y a su querida.

Triste de mí.
Explico intimidades
y me arrepiento.

Ninguna amiga,
por eso ella habla aquí
más de la cuenta.

Tanto he callado,
amiga, que hoy no sé
si fue peor.

Con mi destreza
transformo vuestro aspecto.
Este es mi oficio

Sonaba música
al compás de los peines:
sala de baile.

Pidió un peinado
con el que verse hermosa.
No fue difícil.

El agua cae,
aclara mi cabello.
Me siento limpia.

Cabello largo:
de virginidad signo
en el pasado.

Mientras me aclaran
observo el techo azul.
Igual que un cielo.

«Mis dos trenzas por
el suelo...» escribió Lorca.
¡Bien entendido!

De adolescente
les pedía un rizado.
Nunca acertaron.

Estoy cansada.
No quiero que lo noten
las aprendizas.

Hay situaciones
que giran, giran, giran,
tal cual el rulo.

A mis hermanas

Nos hacíamos
la rosca con un rulo:
cabello liso.

Me deshacían
los enredos del pelo
y me dolía.

Es la toalla
un turbante sublime.
Dama oriental.

Se plancharán,
después de una camisa,
la cabellera.

Cuando era niña
me cortaron el pelo:
igual que un chico.

Adolescente,
vergüenza por el vello:
«¡Has de gustar!»

Como una india
me peinaba dos trenzas.
India Comanche.

De jovencitas
queríamos peinados
como de artistas.

Esto se lleva...
Y no se lleva aquello...
Harta de modas.

I

La criticaba
cuando se iba a teñir:
«gastas dinero».

II

Luego alababa,
con una gran sonrisa,
a «su» teñida.

Aunque mi imagen
la peluquera cambia,
no cambia el daño.

Ha de fingir
para sobrevivir.
¡Pobre clienta!

La manicura,
siempre fregando platos,
la necesitas.

Con diecisiete
era pura y alegre:
la de los rizos.

Noté su llanto
a pesar del bullicio
de las clientas.

«...Por competir
con tu cabello... el sol
relumbró en vano...»

La realidad
distinta o deformada:
en el espejo.

Ella lloraba.
Sigue llorando allí.
Llora por dentro.

Domingo tarde,
el estómago tiembla:
anuncia el lunes.

La profesora,
mira y corrige textos...
Mientras la atienden.

«Quiero morir,
si puedo, en soledad».
Dijo al peinarla.

En mi cuaderno
anoto cada noche
lo que me cuentan.

¿Se ve la edad?...
Espejito, espejito:
di la verdad.

Lunes, ¡qué bien!
Empiezo bien risueña.
Alguien espera.

Miro los cortes
en las revistas, pero...
¿acertaré?

Hace dos siglos
se vengó aquel barbero.
Hicieron peli.

Lees y esperas...
Conoces otras vidas
y hasta a ti misma.

Fresca y muy limpia
cae el agua por mi frente.
Calma mi pecho.

Nada me cuadra
de esas vidas que leo,
en las revistas.

Con esta crisis
venir semanalmente
yo ya no puedo.

Busco consuelo
en la peluquería.
Péiname, amiga.

En el espejo...
¿ella o la que está dentro?
En el espejo...

Vibra a lo lejos
el horizonte azul.
Resbala el agua.

No elegiré.
Cualquier color me gusta.
Los amo todos.

Porque es de noche
miro el escaparate.
Me veo dentro.

Lavas y peinas
con los cinco sentidos.
Amas tu oficio.

Tijera y mano:
las dos fundamentales
en mi cabeza.

«Simplicidad».
Es necesario esfuerzo
para ese efecto.

En el silencio
peinas con maestría:
tu fortaleza.

Soledad, tiempo:
los necesito tanto...
para expresarme.

Se muestra hermosa,
hoy, la naturaleza.
Ponme como ella.

Melena al viento...
corres desesperada.
Ya no te ama.

Las estaciones,
los colores, los días.
únicos todos.

No sé expresarme.
No puedes comprender
lo que te pido.

A las/los esteticistas, masajistas,
quiromasajistas, fisioterapeutas...

Tus manos fuertes,
en nuestros cuerpos, suaves.
¡Qué magia es esa!

Pintas el pelo
con precisión de esteta.
Voy renovada.

Me estoy llenando,
amiga, de tristeza.
Córtame el pelo.

Algunas veces,
salgo con un peinado
como de abuela.

Vi *Caramel*:
amistad y belleza
se confundían.

Te aliso el pelo
mientras cuentas la peli
que viste ayer.

Las permanentes:
así mis sentimientos
que no se borran.

El agua marcha,
cual remolino blanco,
por el abismo.

Cascadas de agua
bajan a borbotones
por tu cabello.

Pon el paraguas
allí, junto a los otros.
¡Que entre la lluvia!

Pronto las luces
alumbrarán los días
de Navidad.

Los niños lloran
cuando están en la pelu.
¿Qué es lo que temen?

Lloro de pena,
a veces, de alegría
dentro del casco.

Sécame el pelo.
No podrás las lágrimas.
Salen, no paran.

Cierro los ojos
y ese soplo caliente
serena mi alma.

«¿Cambiará algo?
¿Te maltratarán siempre
si eres buenaza?»

Supo el engaño
en la peluquería.
Quedó aturdida.

¿Las agresiones?
Disimula muy bien
si se maquilla.

Esteticista,
permite que hoy salgamos
desconocidas.

Has mejorado
mis manos, mis cabellos,
y él ni lo ve.

Lo sé, trabajo
más horas de la cuenta.
No sé frenar.

Pides belleza
y yo quiero arreglarte.
Ven a las once.

Acariciaban
sus tristes corazones
con los masajes.

Hoy ha nevado.
La mañana es silencio.
¡Ay, peluquera!

Manos y cara
agrietadas y secas:
el tiempo que habla.

No se cansaba
de mirar a su chico,
la peluquera.

La mano tiembla,
artrosis en los dedos:
sigues peinando.

Vengo y me peinas,
me lavas y me tiñes
pero me ignoran.

Nos cortaremos,
mañana, las amigas,
el pelo negro.

Vi tu libreta:
escribes en secreto.
Yo lavo y callo.

Desayunamos
en buena compañía,
con las clientas.

Estas pelucas
cubrirán mi calvicie.
Estoy enferma.

Sacar no puedo
la infancia de mí misma.
Es preferible.

I

Agradecida
a Miguel de Cervantes
y su barbero.

II

Barbero, amigo,
volvamos a salir
a lo que salga.

Brilla el neón
y alumbra por la noche
la barbería.

Voy rechazando
los productos más caros.
No son mejores.

Ensimismada
tejía tus cabellos.
Te hice una trenza.

La profesora
y sus tristes exámenes...
mientras se espera.

Si estoy enferma,
¿vendrías a mi casa
para peinarme?

En este otoño
las hojas brillan, rojas.
El tinte es negro.

¿Tienes nostalgia
de la niñez, ¡tan joven!?
Como una vieja.

A César Vallejo

Llevo unos días
cansada y en silencio.
No viene nadie.

Pienso en poemas.
Tú cepillas mi pelo.
¡Qué extraño encuentro!

¿Y la hermosura
para qué la buscabas?
¡Si estaba adentro!

¿Por qué se tiñen
de rubio a los cuarenta
y tú no, mamá?

En mi cabeza
tus dedos se entretienen.
Yo agradecida.

El corte a diez.
Tinte, corte y peinado
cuarenta y tres.

Soy el factótum
de la ciudad y afeito...
¡Fígaro soy!

Aquella música...
el agua por las sienes.
Gran beatitud.

Al despertar,
tus cabellos revueltos.
¿Qué hay en los sueños?

Navaja y peine
y ayudo a los clientes.
Soy un barbero.

En el enjuague
último pon vinagre:
brillará el pelo.

Con las tijeras
muere y nace a la vez
tu cabellera.

La barbería,
el colmado y el bar:
psicoanalistas.

Nubes del cielo
como algodón, oscuras:
restos del tinte.

Peluquería.
Terapias naturales.
¡Entren y vean!

En los setenta
las patillas marcadas,
largas y sexis.

El champú huele
a tarde de domingo
con los amigos.

La brillantina
fijaba sus cabellos
y enamoraba.

Ponte una flor
prendida en tus cabellos.
Ponte una flor.

Pienso en mi pelo,
recién enamorada.
Cabello largo.

Pelo a lo afro,
como un casco guerrero.
Siempre luchando.

Ponte colores
en tus cabellos blancos,
dan alegría.

¿La pedicura?
Mis pies como pezuñas.
Caballo soy.

Peluquería,
tachada de tu lista.
Otras urgencias.

Me gusta el pelo
mojado por el agua
de primavera.

Cabello largo:
hazte una larga cola,
como un caballo.

Cerca del río
la cinta del cabello
se me perdió.

Champú, colonia,
loción, jabón, perfumes
pueblan el aire.

Con esos rayos
me secará el cabello
el sol de invierno.

Antiguamente,
se lavaban el pelo
en esa fuente.

Hasta muy tarde
trabajan los barberos
en nuestra calle.

Salió del bosque,
desorden en su pelo:
la peluquera.

Una guirnalda
lucía en su cabello.
Era la novia.

Con diecisiete
no importaban las canas.
La distinguían.

Melena hermosa:
siempre que se desliza
por tu persona.

Todos los días
tienen algo especial
si los saludas.

Azul y rojo
y luces en la entrada:
la Barbería.

Tu cabellera...
ven a la fuente fría
que te la vea.

Aquella joven
reía a carcajadas
leyendo el *Cuore*.

Tus aprendizas
ya vi que son hermosas:
trabajadoras.

Vuelven a abrir
muchos y alegres jóvenes
sus barberías.

Ellos decían:
«siempre desmelenadas»
por nuestras risas.

En la ladera
flores recién nacidas.
Día perfecto.

«Perdió el cabello,
pero no el atractivo».
Su mujer dijo.

Tu cabellera,
metida en una red
no peligrosa.

Limpias con pinzas
mis cejas deslumbrantes.
Dos arcoíris.

Límpiame el tinte
de la frente y orejas.
¿Parezco bella?

En la cuartilla
nombre de profesores
y sus peinados.

El viento corre,
como el de un secador,
esta mañana.

Como una diosa
afeité mi cabeza.
Me liberé.

En mi cabeza,
como dientes de arado,
tus dedos cavan.

Pongo mi pelo
en tus manos expertas.
Confío en ti.

Rojo, azul, verde,
lila, rosa, naranja
en el flequillo.

Todo es absurdo,
aunque pueda ser bello.
Todo es absurdo.

¡Ay, mi trenzada!
La retuerzo en la fuente
con agua helada.

Una linterna
la oscuridad ilumina.
Se fue la luz.

Rasca más fuerte
cuando laves mi pelo.
Sin ningún miedo.

Dormir no puedo.
Me levanto y me peino,
y ya no pienso.

Cuenta novelas
para que se entretengan
sus compañeras.

Una vecina
ha venido con prisa.
«¡Tengo una cita!»

De madrugada
entro, ventilo y limpio.
Después abrimos.

Peiné una vez
a una novia infeliz.
¡Cuánta tristeza!

«Gracias, Dios mío,
porque no me abandonas.
¡Siempre conmigo!»

Esas tijeras,
que cercenen mis penas
con gran urgencia.

Péinate bien
que la impresión primera
dicen que cuenta.

Ella y su hermana
se lavaban el pelo
con agua clara.

Cuando cerraban
tomaban un refresco
con los amigos.

Voy despeinada
a una misa en tu honor.
Desanimada.

Disimulaba
la raya de las canas
con diademas.

Junto a la caja
un jarrón con claveles
da el «Buenos días».

Cuando me ve...
¿por qué baja los ojos,
cuando me ve?

Voy a salir
a encontrar lo bonito
de esta jornada.

Avisaré
a la peluquería
que ya no iré.

Reseña biográfica

María Dolores García Giménez, Lleida, 1957.

Licenciada en Filología hispánica, es catedrática de Enseñanza secundaria jubilada y fue profesora de Lengua y Literatura castellana.

Colabora con dos grupos de trabajo: uno que depende del ICE-UdL (Universidad de Lleida) y otro que depende del Centro de Recursos pedagógicos del Departamento de Educación. Ambos son grupos que trabajan actividades sobre expresión y comprensión de textos literarios y otros documentos.

En 2018 la editorial Torremozas publica su obra *La hostería de Ragueneau*, un libro que rinde homenaje a los poetas aficionados, menores, marginales, transgresivos, en especial al pastelero-poeta, Ragueneau. También a Cyrano y su amor del silencio. Algunos de sus poemas también han sido incluidos en otras publicaciones: *Voces nuevas (XXVII Selección)*, publicado en 2014, de la editorial Torremozas y en catorce de las antologías poéticas publicadas anualmente por la Asociación *Poesia en Acció*.

Actualmente está trabajando en un nuevo poemario y en un proyecto teatral.

parnassediciones.com
instagram.com/parnassedicions
facebook.com/parnassedicionesbcn
youtube.com/ParnassEdiciones